LA RENCONTRE
EN VOYAGE,
COMÉDIE

EN UN ACTE, EN PROSE, MÊLÉE D'ARIETTES.

AVERTISSEMENT.

On prévient le Public, qu'un grand nombre d'Auteurs dramatiques ayant cherché le moyen de parer aux contre-façons, s'est déterminé à faire exécuter un Cachet identique qu'il sera impossible d'imiter, et qui sera déposé au Bureau dramatique établi *rue Helvétius*, N.° 664, près celle Chabanais. Ce Cachet, la propriété des Auteurs, sera empreint sur chaque exemplaire. Mais ce moyen ne pouvant pas être d'une exécution très-prompte, on prévient, en attendant, que tous les exemplaires de *la Rencontre en voyage*, et d'autres Pièces s'il y a lieu, seront signés du Fondé de pouvoirs des Auteurs dramatiques, à l'adresse ci-dessus indiquée.

Nota. Comme il pourroit se faire que les pièces de théâtre fussent contre-faites dans les Départemens, les Correspondans des Auteurs dans chaque Département sont invités à poursuivre, aux termes de la Loi, tout contre-facteur ou vendeur de contre-façons, s'il s'en découvre.

LA RENCONTRE EN VOYAGE,

COMÉDIE

EN UN ACTE, EN PROSE, MÊLÉE D'ARIETTES,

Par le C.en J. Be. PUJOULX;

MUSIQUE DU C.en BRUNI.

Représentée pour la première fois sur le Théâtre Feydeau, le 9 Floréal, an 6 de la République.

Prix, 24 s.

A PARIS,

Au Bureau Dramatique, rue Helvétius, N.o 664;

Chez { Migneret, Imprimeur, rue Jacob, No. 1186,
Vente, Libraire, Boulevard des Italiens.

An VI.

Personnages.	*Acteurs.*
DIÉGO, Banquier de Cadix, (bon père, franc et sensible.)	C.en NARBONNE.
CONSTANCE, sa fille, (timide, sensible et [illegible].)	C.enne ROLANDEAU. CAMILLE.
FRANCVAL, jeune Français, (aimable, gai et sensible.)	C. JOUSSERAND.
Don RAPHAEL DE MELLO, jeune Espagnol, (sérieux, froid et arrivant par degrés au comble de la surprise.)	C. LEBRUN.
MARCÉLIO, garçon d'auberge, (simple, bavard et curieux.)	C. LESAGE.
UN COURRIER, domestique de Diégo,	C. GARNIER.

Don RAPHAEL est vêtu à la française, ainsi que le sont depuis long-temps les Espagnols, sur-tout en voyage.

La scène est dans une auberge sur la route de Cordoue à Cadix, à une demi-journée de marche de cette dernière ville.

Le Théâtre représente une salle dans laquelle donnent quatre chambres, sans compter la porte d'entrée qui est au fond et au milieu. Les portes des quatre chambres sont placées, une de chaque côté sur le devant, et autant dans le fond. Il y a deux petites tables sur l'avant-scène; sur celle qui est à droite il y a du papier et une écritoire; au fond et à droite il y a une table de jeu.

(Lorsque je désigne la droite ou la gauche, j'entends toujours la droite ou la gauche des spectateurs.)

LA RENCONTRE EN VOYAGE,

COMÉDIE.

SCÈNE PREMIÈRE.

MARCÉLIO *seul.*

(Au lever de la toile, il nétoie et range les meubles, et s'arrête de temps en temps pour parler.)

ACHEVONS de ranger cette salle avant qu'il n'arrive des voyageurs. Cette auberge est si bien placée comme ça sur la grande route de Cordoue à Cadix, qu'il y a bien du malheur quand il se passe une journée sans étrenner. — J'avais envie d'aller me mettre garçon dans quelque hôtellerie de grande ville ; mais depuis que notre hôtesse est devenue veuve, j'ai changé de projet ; oh ! je resterai ici. — Il n'y a qu'un mois qu'il est mort le bon mari de cette chère hôtesse, et quand j'y songe, mon cœur devient si gros.... Oui, mais quand je pense à sa veuve.... Elle est retirée dans sa chambre et n'en sortira pas de quelques jours : c'est l'ordinaire ; la douleur et la décence veulent cette retraite, et moi pendant ce temps je suis le maître ici ; je réponds aux voyageurs, j'ordonne, je.... c'est agréable. — Ils disent tous que je suis bavard, curieux : bah ! j'aime à m'instruire et à enseigner aux autres le peu que je sais. — Cette bonne veuve Clara ! j'y pense toujours malgré moi ; d'ailleurs, quand ce ne serait pas un plaisir, ce serait un devoir. « Marcélio, me dit son mari quelques instans avant sa mort, « Mon cher Marcélio, « vous êtes simple, mais bon ; respectez mon « épouse, consolez-la sur-tout. » Certainement, je la consolerai.... Oh ! je tiendrai la promesse que je lui ai faite, et j'espère profiter si bien des conseils de ce bon mari, qu'avant peu on ne pensera plus à lui du tout.... Ce cher défunt !

COUPLETS.

Il était doux, je suis de même.
Je préviendrai tous ses desirs.
Oh ! oui, moi, pour celle que j'aime,
J'inventerai mille plaisirs.
Je la caresserai sans cesse :
Quel bonheur pourrait égaler !...
Elle est si belle notre hôtesse,
Comme je vais la consoler ! (*bis.*)

Ah ! je lui plais.... Oui, mais l'usage
Veut qu'elle pleure encore un mois.
Au bout de ce temps, je l'engage
Tout doucement à faire un choix.
Si nous nous marions, je gage
Que je saurai si bien parler,
Que dès le jour du mariage,
Ah ! j'aurai su la consoler. (*bis.*)

(*Regardant vers la porte qui est à gauche sur l'avant-scène.*)

J'entends du bruit dans la chambre de ce jeune Espagnol qui est ici depuis hier au soir. (*Indiquant la porte qui est vis-à-vis.*) Pour le Français qui est arrivé cette nuit et qui avait l'air si fatigué, il y a deux heures qu'il court dans le Bourg, ou plutôt dans les environs. Il se promène, il observe. J'aime ces voyageurs qui cherchent à connaître le pays qu'ils traversent; ils vous font des questions, vous répondez, et ça fait toujours... Ah! le voilà qui rentre. (*Il achève de ranger.*)

SCÈNE II.

FRANCVAL, MARCÉLIO.

FRANCVAL.

RIEN ne donne de l'appétit comme ces courses matinales. Maintenant je connais les environs de *Puerto Real*, comme si je demeurais ici depuis six mois. Voyager sans observer! autant vaudrait rester dans sa chambre.

MARCÉLIO *s'approchant.*

Quand vous y seriez resté, je vous aurais décrit tout ça, moi. Ça vous aurait épargné de la fatigue, et m'aurait procuré du plaisir.

FRANCVAL.

Les beautés de la nature se voient, s'admirent et se décrivent mal. Mon domestique est-il là?

MARCÉLIO.

Non, mais si vous voulez je vais....

FRANCVAL.

Il sait que je desire arriver de bonne heure

à Cadix et il s'amuse ! il y a trois ans que je veux m'en défaire. — A déjeûner.

MARCÉLIO.

Que souhaitez-vous ? la boucherie n'est pas loin ; ou bien il y a dans le village des vaches excellentes, du beurre, ah !

FRANCVAL.

Quelques fruits.

MARCÉLIO.

Oh ! ils sont bons ici les fruits. Tenez ! si vous restiez seulement jusqu'à demain, qui est jour de marché....

FRANCVAL.

Jusqu'à demain pour déjeûner ? j'espère bien être parti dans une heure, avant la grande chaleur.

MARCÉLIO.

Vous n'avez plus que vingt six milles pour arriver à Cadix. — Connaissez-vous Cadix ?

FRANCVAL.

Non, c'est la première fois que j'y vais ; d'ailleurs comme je voyage pour mon instruction et mon plaisir, je ne vois pas deux fois le même endroit.

MARCÉLIO.

Ah ! vous ne connaissez pas Cadix ? eh bien ! je vais vous le faire connaître en peu de mots : d'abord, vous entrerez par le quartier des....

FRANCVAL.

Il est original ! — Avez-vous résolu de me

faire faire diète, ou de me retenir ici jusqu'à ce soir ?

MARCÉLIO *approchant une table.*

Vous aurez ça dans l'instant : je suis accoutumé à servir au doigt et à l'œil ; et à propos de ça, je puis vous indiquer à Cadix une auberge qui est tenue par un petit cousin de feu mon grand-père, et où vous serez servi.... ma foi ! tout comme ici.

FRANCVAL.

C'est engageant ! vous voulez donc que j'aille chercher moi-même mon déjeûner ? allons, je vais prier l'hôtesse....

MARCÉLIO *l'arrêtant.*

Oh ! non pas. Vous ne pourriez la voir ; d'ailleurs je serais fâché de lui donner une peine que je puis prendre pour elle.

(*Il sort presque.*)

FRANCVAL *se croyant seul.*

Si mon appétit....

MARCÉLIO *tenant la porte entr'ouverte.*

Et avec plaisir même : je vous conterai cela.

FRANCVAL.

Tu n'es pas parti ?

D. RAPHAEL *paraissant sur la porte de sa chambre.*

Garçon, apportez-moi à déjeûner.

(*Il rentre.*)

MARCÉLIO *sortant.*

J'entends, j'entends.

SCÈNE III.

FRANCVAL *seul.*

C'est fort heureux. -- Ce voyageur est bien peu communicatif. C'est un homme du pays, un Espagnol. -- La jolie chose que les voyages ! on voit à chaque instant des caractères aussi variés que les pays que l'on traverse. Ah ! si je ne portais là depuis trois ans un souvenir qui au milieu de mes bonnes fortunes même ne m'abandonne pas, je crois que je ferais le tour du monde.

AIR.

On éprouve en voyage
Toujours nouveau désir :
Ce goût donne à tout âge
Toujours nouveau plaisir.

Nature bonne et sage,
Variant ses atours,
Force le plus volage
A l'adorer toujours.

Un site triste ennuie,
On le quitte à l'instant.
Bientôt mine jolie
Vous arrête... un moment.
Ici verte prairie,
Plus loin riant côteau ;
Est-il plus douce vie ?
Sans cesse aspect nouveau.

On éprouve en voyage
Toujours nouveau désir,
Ce goût donne à tout âge
Toujours nouveau plaisir.

SCÈNE IV.

FRANCVAL, DON RAPHAEL, ensuite MARCÉLIO.

D. RAPHAEL *sortant de sa chambre, sur le devant à gauche.*

Ce garçon se fait bien attendre. S'il s'ennuyait autant que moi dans les auberges !...

MARCÉLIO *portant des fruits, un pain, une bouteille et des verres.*

Voici le déjeûner.

D. RAPHAEL *allant à lui.*

Arrive donc, et donne.

(Il prend les fruits et le pain, et les pose sur la table qui est à gauche.)

MARCÉLIO *vivement.*

Permettez, ce n'est pas...

D. RAPHAEL.

C'est à merveille. J'aime mieux me servir moi-même, que d'être aux ordres d'un valet d'auberge.

MARCÉLIO.

Mais je vous observe que ces fruits ne sont pas....

D. RAPHAEL.

Je les mangerai tels qu'ils sont. — Va dire qu'on mette les mulets à ma voiture.

MARCÉLIO.

Monsieur, je vous dis que ce déjeûner était pour....

FRANCVAL.

Hé ! bavard, va chercher celui de Monsieur, tu me le donneras, et tout sera réparé.

D. RAPHAEL.

Quoi ! c'est pour vous qu'il apportait ?... Je suis désespéré.

FRANCVAL.

De quoi ? d'une méprise très-naturelle et très-excusable.

D. RAPHAEL.

Je n'y toucherai pas.

FRANCVAL.

Pourquoi donc ? je vais vous donner l'exemple. (*Il coupe le pain en deux, lui en offre la moitié, prend l'autre et lui présente des fruits.*) Comme cela, il n'y aura pas de temps perdu. (*Ils s'asseyent.*)

MARCÉLIO *à part.*

Ces Français sont accommodans : un autre aurait fait mille façons.

FRANCVAL.

Hé bien ! tu restes là ? apporte donc l'autre déjeûner ; car si Monsieur me tient tête, ceci ne suffira pas.

MARCÉLIO *avec affection.*

Tant mieux. J'aime à voir que les bonnes gens se disposent à vivre long-temps.

FRANCVAL *riant.*

Ce garçon m'a pris en amitié. — Va donc.

MARCÉLIO *à part en s'en allant.*

Comme il est sérieux cet Espagnol ! mais le Français est toujours gai.

D. RAPHAEL *en déjeûnant.*

C'est un bavard.

FRANCVAL.

Et un grand paresseux, je crois.

MARCÉLIO *à part en sortant.*

Et avec ça, toujours franc et honnête.

SCÈNE V.

D. RAPHAEL, FRANÇVAL.

FRANCVAL *toujours en déjeûnant.*

Il me fait perdre un temps précieux. La matinée est superbe, le ciel est serein, et il va faire une chaleur.... Je voudrais être à Cadix.

D. RAPHAEL *de même.*

Et moi aussi.

FRANCVAL.

Ah ! vous allez à Cadix ? — Ce n'est pas que je sois très-pressé.... car dans mon voyage, lorsque j'ai rencontré quelque objet digne d'arrêter mes regards, ou d'effleurer mon cœur....

D. RAPHAEL.

J'entends une belle campagne, ou une jolie femme : seriez-vous Français ?

FRANCVAL.

Vous l'avez deviné.

D. RAPHAEL.

Deviné est le mot, car votre accent....

FRANCVAL.

Je suis né dans une des villes frontières, où l'on parle indistinctement l'Espagnol ou le Français : d'ailleurs quand je voyage, j'aime assez à prendre les manières du pays.

D. RAPHAEL.

C'est fort délicat. Mais franchement, vous vous écartez un peu de l'usage de ce pays, lorsque vous aimez ainsi en courant la poste.

FRANCVAL.

Aimer n'est pas le mot ; c'est un caprice, une distraction : seulement si l'on voit que cela réussit, on s'arrête quelques jours de plus.

D. RAPHAEL.

Hé bien! rien n'est moins dans nos mœurs que cela. Ce n'est pas que nous ne soyons aussi sensibles que d'autres ; mais cela ne suffit pas, il faut se faire aimer.

FRANCVAL.

C'est la moindre des choses.... lorsque l'on est aimable.

D. RAPHAEL.

Je vous avoue que s'il ne fallait que faire le voyage de France pour apprendre un art aussi utile.... Mais dites-moi donc comment il est possible ?...

FRANCVAL.

Je n'ai rien de caché pour les personnes que j'estime. (*Ils se lèvent*).

DUO.

FRANCVAL.

Dans cet art qu'on ne peut décrire
On est élève et maître en un seul jour.
Si quelque objet charmant s'offrait en ce séjour,
En m'observant vous pourriez vous instruire.

D. RAPHAEL.

Ah! vous piquez ma curiosité;
Oui, je regrette en vérité,
Que nous soyions au terme du voyage.
En observant votre air, votre langage,
Peut-être j'aurais profité.

FRANCVAL.

D'abord il eût fallu, quittant cet air sévère,
Prendre le ton d'aménité:
Les grâces seules savent plaire,
Et plaisent mieux que la beauté.

D. RAPHAEL.

En un instant aimer et plaire;
C'est un peu fort, en vérité.

FRANCVAL.

Plus notre amour, plus notre hommage
Parait prompt et non médité,
Plus de la femme aimable et sage
En secret le cœur est flatté.
Si vous n'en croyez pas un long apprentissage,
Interrogez les femmes de tout âge:
Je m'en rapporte à leur sincérité.

D. RAPHAEL.

C'est un peu fort en vérité.

FRANCVAL.

Oui, je vous dis la vérité.

ENSEMBLE.

FRANCVAL.

A votre confiance,
J'ai des droits, en honneur :
Cet art naquit en France ;
Ah ! croyez en mon cœur.
(*A part.*)
Pour lui c'est une fable :
Que ne peut-il me voir
Près d'un objet aimable
Exercer mon pouvoir !

D. RAPHAEL.

Malgré ma confiance,
Et cet air séducteur,
Je doute, je balance ;
Ah ! je doute, en honneur.
Non, non, c'est une fable :
Que ne puis-je vous voir
Près d'un objet aimable
Essayer ce pouvoir !

D. RAPHAEL.

Je le répète, je suis désolé de ne vous avoir pas rencontré à cinquante lieues de Cadix.

FRANCVAL.

Nous suivions, sans doute, la même route ; mais vous avez des mulets, et moi, je cours la poste : où l'Espagnol marche, le Français vole.

D. RAPHAEL.

Pour la longueur du voyage, cela revient au même, puisque vous séjournez dans toutes les auberges où vous trouvez quelque jolie femme. Ah ! j'aurais plus que jamais besoin de ce secret, de cet art de plaire ; car je dois me marier à Cadix avec une jeune et jolie personne que je n'ai jamais vue ; le père même.... (permettez-moi de taire les noms) ne me connaît que par mes parens.

FRANCVAL.

J'entends : un mariage d'intérêt ! Il s'en fait de semblables dans tous les pays.

D. RAPHAEL.

Oui, mais je suis décidé à ne l'épouser que

dans le cas où son cœur serait libre, où je lui plairais; et pour m'en assurer....

FRANCVAL.

Le reste se devine. Je gage que vous allez à Cadix incognito pour l'étudier pendant quelque temps? —

D. RAPHAEL.

C'est cela même. Vous sentez combien il serait agréable de s'en faire aimer sans en être connu, et de devenir ainsi le rival de soi-même.

FRANCVAL.

Messieurs les Espagnols sont fertiles en incidens romanesques, et quoique cette idée ne soit pas tout-à-fait neuve....

D. RAPHAEL.

Les Français ne nous le cèdent guères dans cet art.

FRANCVAL.

Oui, mais nous n'avons pas le talent de nouer les intrigues, de cumuler les aventures : nous courons tout de suite au dénouement.

D. RAPHAEL.

C'est-là le mérite quand il est agréable.

FRANCVAL.

Moi, par exemple.... confidence pour confidence, mais vous me permettrez de taire aussi les noms.... Je vais à Cadix dans l'espoir d'y revoir une jeune personne qui, dans un voyage qu'elle fit en France il y a trois ans, produisit sur mon ame.... Elle voyageait avec une tante, qui, par parenthèse, mourut avant son retour : elle s'arrêta environ quinze jours dans la petite ville que j'habitais; en partant, elle laissa dans mon cœur une impression que trois ans, trois siècles, vingt bonnes fortunes n'ont pu effacer. J'avoue que je fis aussi sur le sien....

D. RAPHAEL.

Oh ! ceci est sérieux.

FRANCVAL.

Sans doute, mais voyez la différence de nos manières ! Dans trois jours je serai son époux, ou je ne me marierai de la vie.

D. RAPHAEL.

C'est prompt.

FRANCVAL.

Elle est peut-être liée par une autre inclination, peut-être mariée, peut-être morte; que sais-je ! et alors....

D. RAPHAEL.

Alors vous ne l'épousez pas, c'est tout simple.

FRANCVAL.

Alors je voyage plus que jamais pour tâcher de me distraire d'une passion.... Je suis libre; lorsqu'elle passa en France, je dépendais d'un tuteur qui m'a rendu compte de ma fortune et m'a laissé la sienne. En arrivant à Cadix, je vais droit à sa demeure.

D. RAPHAEL.

C'est.... familier.

FRANCVAL.

Son père est banquier ; j'ai pris en partant une lettre-de-change sur lui : me voilà tout introduit.

D. RAPHAEL.

Tenez ! le père de ma prétendue est aussi dans la banque, et je n'ai pas songé à ce moyen fort naturel. Je vous dis que je suis désespéré de n'avoir pas été à même de prendre quelques leçons....

SCENE VI.

LES PRÉCÉDENS, MARCÉLIO.

MARCÉLIO *apportant l'autre déjeûner.*

Vous allez me croire un négligent ; mais, vrai, ce n'est pas ma faute.

FRANCVAL.

Emporte tout, nous avons fini. (*à D. Raphael.*) A Cadix même je pourrai vous donner quelques conseils.

MARCÉLIO *débarrassant.*

Certainement, ce n'est pas ma faute. Il vient d'arriver de Cadix un voyageur qui a, dit-il, acheté un bien de campagne à quelques lieues d'ici, et qui y va avec sa jeune fille : vous sentez qu'il m'a fallu....

FRANCVAL *vivement.*

Est-elle jolie ?

MARCÉLIO.

Charmante.

FRANCVAL.

Son âge?

MARCÉLIO.

Ça n'a pas la vingtaine. (*à D. Raphael.*) Je voulais vous dire que vos mulets....

D. RAPHAEL.

Un instant, réponds....

MARCÉLIO *à Francval.*

Votre domestique fait mettre les chevaux à la voiture.

FRANCVAL.

Il s'agit bien de cela. — Ce voyageur repart-il bientôt d'ici?

MARCÉLIO.

Ce soir, à la fraîcheur : quand on voyage avec une jeune demoiselle, on doit prendre des précautions.

D. RAPHAEL *à Francval qui a l'air de rêver à quelque chose qui lui plait.*

Hé!... la leçon?

FRANCVAL.

Cela vous tente, et moi aussi.

D. RAPHAEL.

Quoi! en si peu de temps vous espérez vous faire bien-venir?

FRANCVAL.

Quand je n'obtiendrais qu'un mot favorable, un demi-aveu, un : je ne vous hais pas.

D. RAPHAEL.

Et n'est-ce rien que cela? Il nous faut six mois à nous. — Oh! je parie...

FRANCVAL *gaiment.*

Une gageure ! Soit, cela rendra la leçon plus piquante. Cinquante piastres : (*Il fouille à sa bourse.*) c'est peu ; mais l'honneur du succès entre pour beaucoup dans le pari.

D. RAPHAEL.

Sans doute les voilà.

FRANCVAL *à Marcélio.*

Garde cela ; . . . c'est un dépôt.

D. RAPHAEL *les remettant aussi à Marcélio.*

Tiens. — Quelle extravagance !

MARCÉLIO *qui les a écoutés successivement avec surprise.*

Un dépôt? Je suis digne de la confiance... Tenez ! mon honoré grand-père reçut un dépôt comme ça en sept cent vingt. . . .

FRANCVAL.

Vous ne me desservirez pas ?

D. RAPHAEL.

Je vous servirai s'il le faut.

Marcélio, pendant ce qui suit, débarrasse la table tout en les écoutant.

COUPLETS.

Vous allez perdre, je vous jure :
L'avantage est de mon côté,
Si vous tenez à la gageure,
Ah ! je vous plains en vérité.

FRANCVAL.

J'ai trouvé si peu de cruelles :
Mon art peut-il être en défaut?

Oui, malgré votre défiance, j'espère vous prouver. . . .

D. RAPHAEL.

A vous entendre, auprès des belles,
Paraître et plaire est un seul mot. *Bis.*

Pour rendre la leçon complette,
Je serai votre confident :
Si vous avez un tête-à-tête,
Je veillerai, je suis prudent.

FRANCVAL.

Oh ! seulement laissez-moi faire.
Observer, voilà votre lot.

Mais si je plais dès l'abord, là, que direz-vous?

D. RAPHAEL.

Que vous prouvez qu'en l'art de plaire,
Paraître et vaincre est un seul mot. *Bis.*

MARCÉLIO.

J'entends la voix de ce voyageur et celle de sa fille. — Dépêchons de débarrasser. (*Il emporte les restes du déjeûner et dit en s'éloignant :*) Je gage.... qu'ils ont fait là une drôle de gageure. (*A l'instant où il va sortir par la porte du milieu, Diégo et Constance entrent par la porte du fond à gauche ; il leur dit :*) Cette salle est commune à tous les appartemens du bas ; elle est au nord, et l'on s'y tient de préférence à cause de la fraîcheur. (*Indiquant Francval et D. Raphael.*) Ce sont deux voyageurs qui vont à Cadix. — Si vous avez besoin de moi, je reviendrai tout-à-l'heure. Je suis le maître... le valet... je remplace l'hôtesse, en attendant que... je vous dirai ça.

(*Il sort.*)

SCÈNE VII.

DIÉGO, CONSTANCE, FRANCVAL, Don RAPHAEL.

D. RAPHAEL, *bas à Francval.*

Voici la Demoiselle.

FRANCVAL *à part, avec surprise.*

Ciel !... Constance !

D. RAPHAEL.

N'est-ce pas qu'elle est charmante ?

FRANCVAL *à part, cherchant à se contraindre.*

Quel hasard ! je puis à peine contenir.... mais non, laissons ignorer à mon Espagnol cette rencontre inattendue.

DIÉGO.

Approchons, ma fille. En voyage il faut savoir se prêter un peu à l'espèce d'urbanité des voyageurs. (*Il les salue.*)

CONSTANCE.

Vous savez que la solitude... (*Elle salue don Raphael, et quand elle regarde le Français en le saluant, elle dit à part, avec le plus grand étonnement et en cherchant à caher son trouble :*) Dieu ! quels traits !

D. RAPHAEL *à part.*

Je crois que la sympathie... en vérité on dirait que la demoiselle.... (*Regardant Francval.*) Quel est donc ce talent ! voyez comme il joue l'émotion, le trouble.... Hé bien ! je ne pourrais jamais imiter cela.

DIÉGO.

Ma fille, voilà encore de la confusion, de l'embarras ; toujours la même... allons, rentrons, puisque vous ne pouvez vous trouver avec des étrangers sans que votre mélancolie....

FRANCVAL *faisant quelques pas en arrière.*

C'est plutôt à nous... nous serions désolés que notre présence....

CONSTANCE *cherchant à se remettre.*

Non, mon père.... non, il n'y a que le premier moment.... la compagnie dissipera peut-être....

FRANCVAL.

Ah! Monsieur, si vous étiez arrivé hier au soir ici, et que Mademoiselle se fût promenée dans les environs de ce bourg au lever du soleil, je suis sûr que sa tristesse.... Les beautés de la nature, il n'y a que cela pour les cœurs mélancoliques.

DIÉGO.

Il est vrai que ces environs m'ont paru charmans.

CONSTANCE.

Eh bien! mon père, nous pourrons y rester jusqu'à demain, et... même plus long-temps.

FRANCVAL.

C'est comme moi; je voulais partir ce matin, mais le charme de ces lieux.... j'y resterai jusqu'à demain et.... et même plus long-temps.

D. RAPHAEL *à part.*

En honneur ! je crois qu'ils s'entendent déja.

DIÉGO.

Ma fille, vous savez que notre voyage....

CONSTANCE.

Notre voyage... peut se retarder.

DIÉGO.

Sans doute, puisque je ne le fais que pour tâcher de dissiper cette tristesse qui afflige mon cœur.

CONSTANCE *à demi-voix.*

Mon père, ménagez le mien.

FRANCVAL.

Nous vous gênons; nous allons vous laisser... (*Constance le regarde.*) quelques instans : d'ailleurs, comme nous avons changé de plan de voyage, il faut que nous donnions des ordres pour le dîner, et si... l'état de Mademoiselle... eût permis...

DIÉGO.

Sans doute, nous n'aurions fait qu'une table.

CONSTANCE.

Oh ! oui, la société me distraira, je le sens bien.

D. RAPHAEL *à part.*

De mieux en mieux.

DIÉGO.

Et en attendant nou. ourrons faire un piquet. (*A Francval.*) Jou. -vous le piquet?

FRANCVAL.

Non pas moi ; mais Monsieur joue à merveille tous les jeux. (*Bas à D. Raphael.*) Cela vous occupera.

D. RAPHAEL.

Hé bien ! soit. (*A part.*) Il me charge du père, ce n'est pas mal-adroit.

FRANCVAL *sortant.*

Nous revenons.

CONSTANCE.

Je n'ai rien de particulier à dire à mon père.

D. RAPHAEL *bas à Francval en sortant.*

Mon pari ne vaut pas moitié. Je desirerais que l'épouse que je vais chercher à Cadix eût autant de grâces.

FRANCVAL *de même.*

Et autant de sensibilité?

D. RAPHAEL *de même.*

Non pas, non pas, s'il vous plaît; cela ne ferait pas mon compte... comme époux.

(*Ils sortent par le fond.*)

SCÈNE VIII.

DIÉGO, CONSTANCE.

DIÉGO.

Vous voilà toute interdite, Constance, et presque confuse; vous vous repentez déja de m'avoir fait acheter un bien de campagne, dans le seul espoir que le séjour des champs pourrait dissiper votre mélancolie que quelques heures de voyage n'ont fait qu'augmenter. Non, ma fille, non, ce n'est point la différence des lieux qui changera quelque chose à votre situation, mais l'oubli d'une injuste prévention pour l'époux qu'on vous destine.

CONSTANCE.

Mon père!

DIÉGO.

Quoi! ne pouvez-vous vous en rapporter sur ce jeune homme, à ce que ses parens m'en ont mandé? ne pouvez-vous enfin vous en rapporter à ma tendresse?

CONSTANCE.

Sans doute je devrais m'en rapporter à vous si vous le connaissiez; mais vous ne l'avez jamais vu, et vous m'avez dit souvent que vous ne contraindriez point mon inclination.

DIÉGO.

Faut-il pour cela abuser de ma bonté, me forcer à des dépenses inutiles et me faire abandonner mes affaires à Cadix, sous prétexte que l'air de la campagne ?... Ah! si votre mère eût vécu, vous n'auriez jamais osé mettre ainsi sa complaisance à l'épreuve.

CONSTANCE.

Il est vrai; mais pouvez-vous vous plaindre de la confiance abandonnée que j'ai dans mon père; de cette confiance sans laquelle il n'est point de véritable amitié?

AIR.

Cette amitié, je la préfère
Au sort des plus heureux amans;
Oui, ma tendresse pour mon père
Est le plus doux des sentimens.

Éloignez de vaines alarmes;
N'attristez pas mon faible cœur.
Si vous devez verser des larmes,
Ce sont des larmes de bonheur.

Cette amitié, je la préfère, etc.

DIÉGO.

Va, ma fille, je sais apprécier ces doux épanchemens, et ce qui le prouve mieux que tous les discours, c'est que si je te gronde quelquefois, je finis toujours par faire tout ce que tu desires.

SCÈNE IX.

LES PRÉCÉDENS, MARCÉLIO, UN COURRIER.

MARCÉLIO.

Monsieur, voici un Courrier qui vient d'arriver à toute bride de Cadix, et qui vous apporte une lettre très-pressée.

DIÉGO.

Pourquoi n'avoir pas attendu le jour de la poste pour me la faire parvenir à mon bien de campagne? (*Il prend la lettre des mains du Courrier qui va répondre.*)

MARCÉLIO.

Il dit qu'ayant vu sur l'adresse...

LE COURRIER.

Me laisseras-tu parler ? t'ai-je chargé ?...

MARCÉLIO.

Non, c'est que tu es si fatigué... (*A Diégo.*) et comme l'adresse indiquait....

LE COURRIER *lui donnant un coup de manche de fouet en se mettant au-devant de lui.*

Laisse donc, bavard.

MARCÉLIO.

Il me coupe la parole.

LE COURRIER.

Votre secrétaire ayant remarqué sur l'adresse les mots : *très-pressé*, m'a fait partir sur-le-champ à franc-étrier, se doutant bien que je vous atteindrais dans la journée.

DIÉGO.

C'est bon, va te rafraîchir, et attends mes ordres.

(*Marcélio indique la cuisine au Courrier qui sort.*)

SCÈNE X.

LES PRÉCÉDENS, hormis le Courrier.

CONSTANCE.

C'EST sans doute quelque affaire de banque ; je rentre un instant, et viendrai savoir ce que vous aurez résolu ; car vous devez croire, mon père, que mes intentions seront toujours subordonnées à vos affaires et à vos desirs.

(*Elle sort par la porte du fond à gauche.*)

SCENE XI.

DIÉGO, MARCÉLIO.

DIÉGO, *après avoir ouvert la lettre, lisant.*

De Cordoue, le... (*Il regarde la signature et dit avec surprise :*) C'est du père de mon gendre futur. (*A Marcélio qui regardait furtivement la lettre.*) Que fais-tu là?

MARCÉLIO.

J'attendais pour savoir si par suite de cette lettre, vous n'auriez pas quelque chose à m'ordonner. Oh! vous pouvez lire devant moi, je ne suis pas curieux.

DIÉGO.

Éloigne-toi, du moins. (*Après avoir parcouru des yeux les premières lignes.*) La singulière aventure!

MARCÉLIO *à part, de loin.*

Encore une aventure!

DIÉGO *lisant.*

« Je t'écris à la hâte, mon vieil ami, pour » t'instruire du projet que vient de former » mon fils, ton gendre futur. Il va partir » tout-à-l'heure pour Cadix, où il passera » quelque temps incognito pour étudier le » caractère de ta fille, sa prétendue, et » savoir si ce mariage est convenable. » Comme tu ne l'as jamais vu, j'ai cru de- » voir te faire part à temps de ce plan ridi- » cule auquel je n'ai pu m'opposer. Je ne

» sais trop comment il s'introduira dans ta » maison; peut-être se procurera-t-il quel- » que lettre-de-change sur toi. Je t'observe » qu'il parle fort bien le français, et qu'il » pourrait se présenter à toi comme étran- » ger. Je desire que tu t'amuses un peu à » ses dépens. Adieu, je n'ai pas le temps » de t'en dire davantage; car je crains bien » que cette lettre ne le précède que de » quelques heures à Cadix, puisqu'il compte » coucher mercredi soir à *Puerto-Real.* » Voilà tout ce que j'ai pu savoir. Je t'em- » brasse : FRANCISCO DE MELLO. » — Mer- credi soir; quoi ! don Raphael de Mello aurait couché cette nuit dans ce bourg, peut-être même dans cette auberge?

MARCÉLIO *à part, prêtant l'oreille.*

Je n'entends que de demi-mots.

DIÉGO *à part.*

Comment ! mon gendre futur serait re- parti ce matin de ce lieu même, et tandis que nous allons à la campagne, il va a Cadix.... hé bien ! sans cette lettre ma fille et lui ne risquaient pas de se rencontrer. — (*Haut, vivement.*) Ecoute, mon ami.

MARCÉLIO *à part.*

Bon ! je vais savoir quelque chose.

DIÉGO.

Y a-t-il beaucoup d'auberges dans ce bourg?

MARCÉLIO.

Non, Monsieur, il n'y a que celle-ci; aussi dit-on que c'est la meilleure.

DIÉGO.

Il est reparti quelque voyageur ce matin?

MARCÉLIO.

Non, Monsieur; tous ceux qui ont couché ici et que vous avez vu tout-à-l'heure y sont encore; c'est qu'on s'y trouve si bien, que...

DIÉGO *avec intérêt.*

Tu me soutiendras....

MARCÉLIO *surpris.*

Cert.... certainement. (*A part.*) Il y a quelque chose là dessous.

DIÉGO *à part.*

Il serait possible!... (*Haut.*) Quel est le nom de ces deux étrangers?

MARCÉLIO.

Monsieur, je ne puis pas.... vous dire....

DIÉGO.

Comment! maraud! tu ne peux pas m'apprendre les noms?...

MARCÉLIO.

Non, Monsieur.... puisque je ne les sais pas.

DIÉGO.

Hé! parle donc. N'importe, je te défends de leur dire le mien.

MARCÉLIO.

Le vôtre? soyez certain....

DIÉGO.

Si tu t'avises de le prononcer devant eux!..

MARCÉLIO.

Ma circonspection.... d'ailleurs je ne le sais pas non plus.

DIÉGO.

Tant mieux. (*A part.*) Mes domestiques sont sûrs. Oui, je crois que je ferai bien de ne pas même dire à ma fille que son prétendu est ici ; oh ! cela sera... La voici. (*Haut.*) Laisse-nous.

MARCÉLIO *à part, en sortant.*

Que de mystère ! il faut que je découvre absolument.... Il ne sera pas dit que j'aurai été témoin aujourd'hui de tout ce qui se passe dans cette auberge, sans y comprendre rien. (*Il sort.*)

SCÈNE XII.

DIÉGO, CONSTANCE.

CONSTANCE.

Mon père, je venais savoir....

DIÉGO *un peu embarrassé.*

Tu l'avais dit ; c'est.... une lettre.... relative à une opération de banque... qui exigera mon retour à Cadix.

CONSTANCE.

Alors, nous remettrons notre voyage à un autre temps : aussi bien, j'ai réfléchi.... Mais, mon père, faut-il que vous retourniez tout de suite à Cadix ?

DIÉGO.

Non, pourvu que j'y sois après demain matin...

CONSTANCE *cherchant à cacher sa satisfaction.*

Hé bien !... cet endroit... me paraît si agréable, l'air de la campagne d'ailleurs m'est si favorable... nous pourrions y rester ces deux jours.

DIÉGO.

J'allais te le proposer. (*A part.*) Cela s'arrange à merveille.

SCÈNE XIII.

LES PRÉCÉDENS, FRANCVAL, D. RAPHAEL.

FRANCVAL.

Si nous sommes indiscrets...

DIÉGO.

Pas du tout, Messieurs. Le séjour passager que l'on fait dans les auberges, ôterait tout le charme des voyages, si l'on n'y rencontrait de temps en temps des personnes qui le rendent non-seulement moins ennuyeux, mais même quelquefois fort.... agréable.

FRANCVAL.

Vous êtes trop honnête. Ce que vous dites là, je le pensais à l'instant.

D. RAPHAEL *à part.*

Je n'en reviens pas. Ce Français faisait

tout-à-l'heure des mines, des signes à la Demoiselle à travers une jalousie.

DIÉGO *à part.*

Si je pouvais découvrir lequel des deux est mon gendre futur. (*Regardant Francval.*) Je ne sais pourquoi je désirerais que ce fût celui-ci ; son air prévient.

FRANCVAL *à part.*

Si je pouvais l'entretenir un moment !

CONSTANCE *à part.*

Si nous pouvions nous parler quelques minutes sans témoins, je l'instruirais du malheur qui nous menace.

DIÉGO *après les avoir considérés.*

Chacun se parle à part, c'est qu'en vérité quand on ne se connaît pas, il est si difficile de lier une conversation.... Vous allez tous les deux à Cadix, Messieurs?

D. RAPHAEL.

Oui, l'un pour quelque affaire d'intérêt : et... l'autre, (*Indiquant Francval.*) pour une affaire... de cœur.

FRANCVAL *vivement, bas.*

Chut ! paix donc.

DIÉGO *à part.*

Bon ! voilà un acheminement.

D. RAPHAEL *à Francval.*

Il ne peut y avoir d'indiscrétion à cela. Nous ne nommons personne. — Parlons d'autre chose. Tenez ! — Monsieur, qui est vraisemblablement de Cadix, pourra vous indiquer l'adresse précise du banquier chez lequel....

DIÉGO *à part.*

Le banquier! c'est moi. Oh! lui, c'est le prétendu.

FRANCVAL *à D. Raphael, à demi-voix et avec chaleur.*

Je vous ai dit que le premier jour je voulais rester inconnu.

DIÉGO *à part.*

Inconnu! c'est ça; c'est lui-même: c'est le prétendu. Tant mieux.

D. RAPHAEL.

Mais qui vous dit que Monsieur?...

FRANCVAL *bas.*

Morbleu! paix donc! vous me trahissez.

DIÉGO *à part, avec satisfaction.*

C'est lui qui se trahit. Je n'en demande pas davantage, je suis enchanté de l'aventure. (*Avec étonnement.*) On dirait que ma fille le regarde avec plaisir. Oh! l'heureuse sympathie! voyons, facilitons la connaissance. (*Haut à D. Raphael.*) Hé bien! Monsieur, notre partie de piquet?

D. RAPHAEL.

Monsieur, je suis à vos ordres.

(*Diégo va au fond, ouvre la porte et fait signe à Marcellio d'approcher la table de jeu: il la place à droite et sort. Diégo déploie les cartes.*)

FRANCVAL *bas à D. Raphael.*

Je ne puis vous exprimer combien je suis sensible à la complaisance...

D. RAPHAEL.

J'imite le père : quand il serait de moitié avec vous dans la gageure, il n'agirait pas plus galamment.

DIÉGO.

Allons, Monsieur, plaçons-nous.

FRANCVAL *bas à D. Raphael, lui indiquant la droite.*

Saisissez-vous de la place d'observation.

D. RAPHAEL.

J'entends : pour ne pas la laisser au père.

(Diégo allait aussi pour s'y placer, Francval lui présente un fauteuil qu'il place vis-à-vis de D. Raphael.)

FRANCVAL.

Vous serez à merveille dans ce fauteuil.

DIÉGO *souriant.*

Vous êtes trop bon. (*Ils s'asseyent, tirent les cartes, c'est à D. Raphael à donner.*) Nous jouons peu de chose ?

D. RAPHAEL.

Le moins possible. Je ne suis pas heureux au jeu aujourd'hui. (*Ils jouent.*)

DIÉGO.

Deux piastres seulement, au marqué.

D. RAPHAEL.

Volontiers.

(Constance est au côté opposé du Théâtre ; Francval s'approche d'elle peu-à-peu, Diégo est placé de manière qu'il leur tourne le dos.)

FRANCVAL *à voix basse et avec émotion.*

Quelle heureuse rencontre ! quand brûlant de vous revoir....

CONSTANCE *de même et avec crainte.*

Ah ! Francval, si vous saviez dans quel moment !...

FRANCVAL.

L'amour qui nous réunit saura applanir toutes les difficultés.

DIÉGO *chantant la voix sans se retourner.*

Que pensez-vous de ce coup là ? (*Francval se rapproche précipitamment de la table du jeu.*) Hé ! sans les cœurs....

FRANCVAL *embarrassé.*

Oui, sans les cœurs.... C'est ce que je disais à Mademoiselle : sans les cœurs.... que vous avez réunis... D'ailleurs, c'est qu'il paraît que vous jouez ce jeu-là....

DIÉGO *se retournant.*

Passablement.

FRANCVAL.

Il demande beaucoup d'application. La plus légère distraction... (*Diégo regarde son jeu, Francval s'éloigne et dit à demi-voix.*) Chère Constance !

CONSTANCE.

Vous me faites trembler.

DIÉGO *à D. Raphaël.*

Pas vrai que je le joue avec finesse ?

D. RAPHAEL *voyant Franceval qui prend la main de Constance.*

Sans doute; mais malgré cela, il y a une foule de choses que vous n'appercevez pas.

DIÉGO *gaiement.*

Vous croyez? Ha! ha! ha! quelquefois il y a de la finesse à paraître donner dans certains piéges qu'on nous tend et où l'on se prend soi-même.

D. RAPHAEL *souriant.*

Des piéges? Ha! ha!

DIÉGO *élevant la voix.*

Qu'en pensez-vous, jeune homme? (*Franceval qui parlait bas à Constance, accourt.*) Oui, lequel de nous deux, à votre avis, joue le mieux?

FRANCVAL.

Ma foi! je crois qu'à cette partie vous êtes à-peu-près de la même force. (*Vivement à Diégo.*) A votre jeu, Monsieur; car cette fois.... (*Franceval s'éloigne.*)

DIÉGO.

Morbleu! vous avez raison, je crois que je suis repic.

D. RAPHAEL *voyant Franceval qui baise la main de Constance.*

Et moi.... capot.

DIÉGO.

Comment! avec deux as?

D. RAPHAEL *se remettant.*

Pardon ;... c'est une distraction. — Jouez, s'il vous plaît.

CONSTANCE *bas et tremblante.*

Ne pouvez-vous vous contenir ? Songez qu'une imprudence peut nous perdre.

FRANCVAL *hors de lui.*

Après trois ans de la plus cruelle séparation, vous voulez !.... Ah ! mon cœur ne peut suffire à tant de bonheur.

CONSTANCE *avec effroi.*

Cessez, Francval....

(Il se saisit de sa main et va la baiser en tombant à ses genoux.)

SCÈNE XIV et dernière.

LES PRÉCÉDENS, MARCÉLIO.

MARCÉLIO, *entre par le fond, s'arrête avec le plus grand étonnement en voyant Francval qui tombe aux pieds de Constance et leur crie d'une voix étouffée.*

CACHEZ votre jeu, cachez votre jeu.

DIÈGE *surpris.*

Comment ! mon jeu ?

(Il apperçoit les signes de Marcélio, se retourne et se lève précipitamment en s'écriant avec l'air indigné.)

MORCEAU D'ENSEMBLE.

Ma fille !

CONSTANCE *confuse, à part.*

Mon père !...

FRANCVAL *se relevant, à part.*

Que dire !

D. RAPHAEL, *à part.*

Je tremble.

MARCÉLIO, *à part.*

J'espère.

ENSEMBLE.

FRANCVAL et CONSTANCE *à part.*

O ciel ! appaise un père.
Ah ! tu lis dans mon cœur,
Détourne sa colère,
Si tu veux notre bonheur.

Mon cœur doute, balance,
Amour ! cruel amour !
La crainte, l'espérance
M'agitent tour-à-tour.

DIÉGO *avec force.*

Quoi ! sous les yeux d'un père !
Ah ! jeune séducteur,
Redoutez ma colère,
Redoutez ma fureur.

(*A part.*)

Mon cœur sent leur souffrance !
Vois ton pouvoir, amour !
La crainte, l'espérance
Les troublent tour-à-tour.

D. RAPHAEL *à part.*

Il prend un air sévère,
Et notre séducteur,
Malgré son art de plaire,
Est confus en honneur.

Leur cœur doute, balance :
Quoi ! déjà de l'amour !...
La crainte, l'espérance
Les troublent tour-à-tour.

MARCÉLIO *à part.*

Ah ! malgré moi le père
A troublé leur bonheur.
Ce Français sut me plaire ;
Il a gagné mon cœur.

Ah ! je sens leur souffrance ;
Ce que c'est que l'amour.
La crainte, l'espérance
Les troublent tour-à-tour.

DIÉGO *à part.*

Oui, feignons de la sévérité pour le punir du peu de confiance.... (*Haut à Francval.*) Je réserve à un autre moment les reproches mérités que la conduite de ma fille.... Je me respecte assez pour ne point l'accabler à vos yeux.

FRANCVAL *vivement.*

Ah ! croyez que moi seul....

DIÉGO.

Mais vous, étranger pour moi, comment vous laverez-vous de la hardiesse ?...

D. RAPHAEL *à part, étonné.*

Oh ! oh ! voici maintenant du sérieux.

FRANCVAL.

Monsieur, je pourrais me servir d'une excuse bien naturelle, et vous dire que les attraits, le mérite de mademoiselle votre fille.... Mais je dois avouer ici que votre nom m'est connu, et que ma fortune étant considérable....

DIÉGO.

Votre fortune !... (*A part.*) Il ne sait pas que son père m'en a fait passer l'état..... (*Haut.*) Expliquez-vous sans détours.

FRANCVAL.

Hé bien ! je l'oserai, parce que je me crois digne de vous par les sentimens que j'ai voués à Mademoiselle, et par la considération dont jouit ma famille : oui, quelle que soit la précipitation d'une demande qui vous paraîtra peut-être hardie, j'oserai prétendre à sa main et.... vous la demander.

D. RAPHAEL *bas vivement à Francval.*

C'est un peu prompt. Quoi ! vous pousseriez la leçon ?

FRANCVAL *bas.*

Je ne fais pas les choses à demi.

DIÉGO *à part.*

Ah! il veut garder jusqu'au bout l'incognito; je vais le forcer à se nommer et même à signer son nom. (*Haut.*) Je répondrai avec la même franchise; et sans entrer dans d'autres détails d'intérêts et de convenances de famille, parce que j'aime à vous en croire... sur parole, je n'ai plus que ma fille à consulter.

CONSTANCE *avec surprise et timidité.*

Quoi! mon père... vous consentiriez?...

DIÉGO.

Parlez, Constance.

CONSTANCE.

Ce qui vient de se passer... ne vous tient-il pas lieu de mon aveu?

FRANCVAL *vivement.*

Ne rétractez pas une promesse qui fait notre félicité.

DIÉGO.

La rétracter? Pour lui donner plus de force nous allons, si vous voulez, par quelques mots et notre signature, nous lier irrévocablement, en attendant qu'un contrat en forme mette le sceau à cette heureuse union. (*Francval est enchanté.*)

D. RAPHAEL *à Diégo.*

Quoi! vraiment vous consentez?...

DIÉGO.

Vous allez tout savoir. (*A Francval, après avoir écrit quelques mots.*) Tenez, cela sufſira, (*Franeval approuve avec la plus grande joie.*) et je signe. — Voyez ce nom, le connaissez-vous ?

FRANCVAL *hors de lui.*

Oui, Monsieur, très-certainement c'est le vôtre.

D. RAPHAEL *à Diégo.*

Comment ! sans savoir son nom, sans connaître sa famille ?... (*à soi-même.*) C'est une séduction inconcevable.

DIÉGO *à demi-voix, avec contentement.*

Sa famille ? Je suis lié depuis trente ans avec elle ; son nom m'est aussi connu que le mien propre : oui, ce jeune homme se nomme don Raphael de Mello.

D. RAPHAEL *vivement.*

Que dites-vous ? apprenez...

DIÉGO *prenant le papier que Francval vient de signer.*

Tenez, lisez. (*Il lit avec surprise.*) Franc... val. (*A Francval avec sévérité.*) La feinte est trop prolongée. Un homme d'honneur ne la pousse jamais jusqu'à signer un autre nom que le sien. (*Il lui rend l'écrit.*)

FRANCVAL *avec force.*

Je vous assure...

MARCÉLIO, *à part, avec satisfaction.*

Ça s'échauffe, ça se débrouille.

D. RAPHAEL.

Hé ! oui ; Francval est son nom ; il me l'a dit ; mais celui que vous venez de prononcer, Don Raphael, enfin est le mien.

DIÉGO *vivement, avec surprise.*

Que dites-vous ? Un instant, un instant.

D. RAPHAEL.

Mais avant tout, oserais-je vous demander quel est le vôtre ?

DIÉGO.

On a pu vous le dire. Je suis Diégo, banquier de Cadix.

D. RAPHAEL.

Ciel ! et Mademoiselle est cette intéressante Constance qui me fut promise et dont j'allais étudier le caractère à Cadix ? Et c'est moi précisément qui ai servi de confident, de complaisant même pour me la ravir ! — Oh ! pour le coup la leçon est trop forte.

DIÉGO *avec force.*

Ma fille, vous auriez oublié près d'un inconnu ?

CONSTANCE.

Cet inconnu, mon père, est ce Français dont je vous parlai une seule fois il y a trois ans à mon retour du voyage que je fis en France avec ma tante : j'ai dû me taire depuis ; mais son nom, ses traits n'étaient pas sortis.... de mon cœur.

D. RAPHAEL *avec le plus grand étonnement.*

Ce mot explique tout.

MARCÉLIO.

Ah ! ça dit tout ? — Oui, pour ceux qui ont tout entendu.

DIÉGO *à Francval.*

L'engagement que vous tenez fut l'effet d'une méprise.

FRANCVAL.

Le hasard a tout conduit ici, mais je suis incapable d'en abuser. (*Il déchire l'écrit.*) C'est à votre estime et à mon amour que je veux devoir la main de Constance.

DIÉGO *après un mouvement d'admiration.*

Ce procédé ne m'étonne pas de votre part. Dès l'abord vous m'avez plu; et si, comme j'aime à le croire, votre fortune répond à la noblesse de vos manières, il nous sera facile de reprendre des engagemens qui, pour être différés, n'en seront pas moins chers à mon cœur; mais il faut avant tout que je me dégage envers la famille de Monsieur.

D. RAPHAEL.

Oh ! c'est mon affaire, et pour dégager votre parole, il me suffira de dire à mes parens que j'ai découvert, quelques jours avant la noce, un secret que j'aurais été bien fâché de n'apprendre que le lendemain.

MARCÉLIO *ayant les deux bourses.*

C'est fort bien; mais, au fait, qui a gagné la gageure ?

D. RAPHAEL.

Ce n'est pas moi.

FRANCVAL.

Ni moi non plus; car lorsque j'ai apperçu

Constance.... je me suis bien douté que j'avais gagé à coup-sûr.

DIÉGO.

Expliquez-moi....

FRANCVAL.

Une folie de jeunes gens : nous vous la raconterons.

MARCÉLIO.

Oh ! si vous me racontiez tout de suite.... je vous dirais à qui doivent revenir....

FRANCVAL.

A toi, c'est plutôt décidé.

D. RAPHAEL.

A toi, soit.

MARCÉLIO *serrant l'argent.*

Quoique je ne comprenne rien à l'aventure, ni à la gageure, je trouve que cela ne finit pas mal.

VAUDEVILLE.

DIÉGO.

Malgré moi, je l'avoue,
On m'a fait voyager.
De nous le sort se joue,
Il vient de tout changer.
Honorez ma vieillesse;
Aimez-vous bien tous deux,
Et je dirai sans cesse :
C'est un voyage heureux.

D. RAPHAEL.

Loin que je me désole
De votre aimable tour :
La raison me console
Des pertes de l'amour.

J'allais tâcher de plaire ;
On brûlait d'autres feux :
La rencontre m'éclaire ,
C'est un voyage heureux.

FRANCVAL.

Quand je parus volage,
Je cherchais le bonheur.
Le but de maint voyage
Fut de trouver son cœur.

CONSTANCE.

J'allais sans espérance
Faire un voyage affreux ;
Je vous vois.... pour Constance ,
Ah ! quel voyage heureux.

MARCÉLIO.

Le monde est une auberge
Où l'on loge... un instant :
Sous la pourpre, ou la serge
On n'y vient qu'en passant.
Egayons le voyage ;
Faisons-le deux-à-deux :
Alors ce court passage
Est un voyage heureux.

DE L'IMPRIMERIE DE MIGNERET,
rue Jacob, N.° 1186.

www.ingramcontent.com/pod-product-compliance
Lightning Source LLC
LaVergne TN
LVHW022213080426
835511LV00008B/1736